Mains

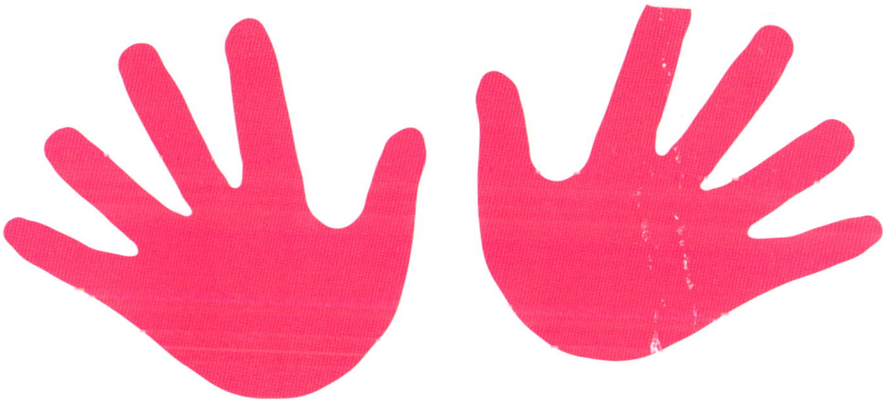

D A N I E L   P I C O N

et les mains de Lucie

MANGO *JEUNESSE*

Mise en pages : Studio Mango

Loi n°49-956 du 16 juillet 1949
sur les publications destinées à la jeunesse
N° édition : M14154-02
Dépôt légal : février 2008
ISBN : 978 2 7404 2560 2
MDS : 72686N1
Achevé d'imprimer en octobre 2014
en Chine par Toppan Leefung

Sommaire

Modèles

Tous les personnages et les animaux de ce livre sont composés uniquement de quatre formes de mains découpées dans du papier de couleur.
Prépare un grand nombre de chaque forme de main avant de commencer à jouer.

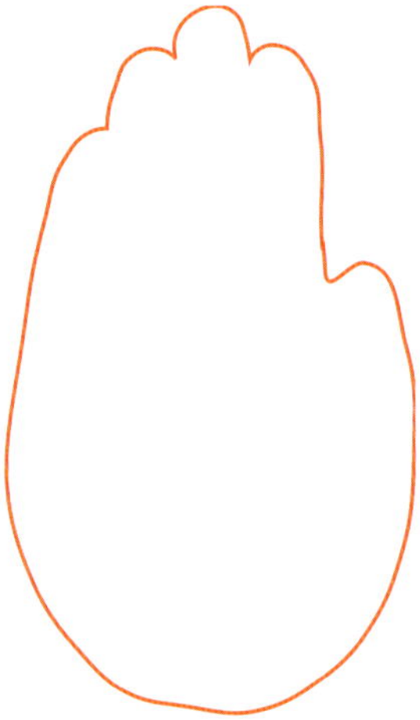

Doigts serrés

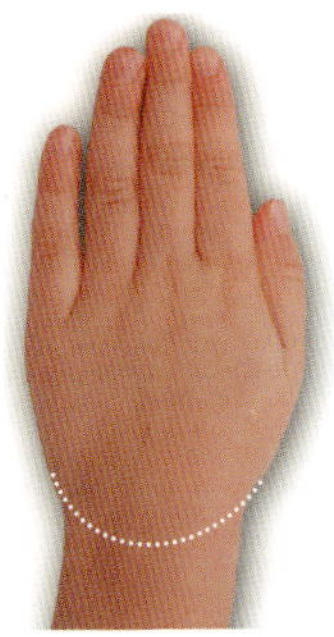

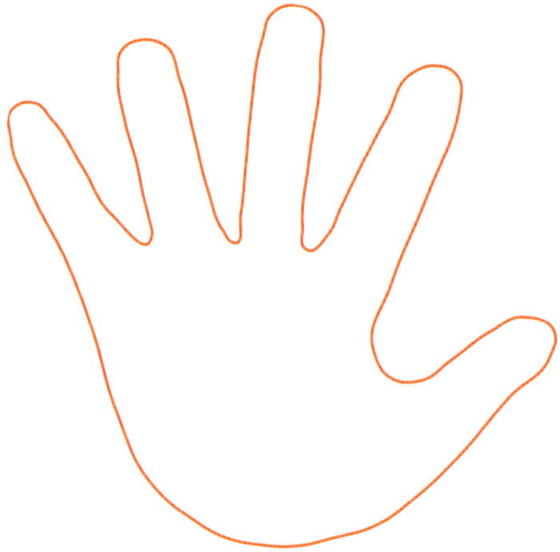

Doigts écartés

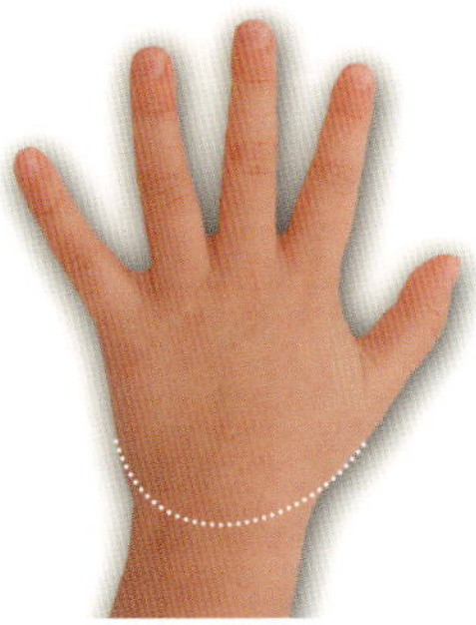

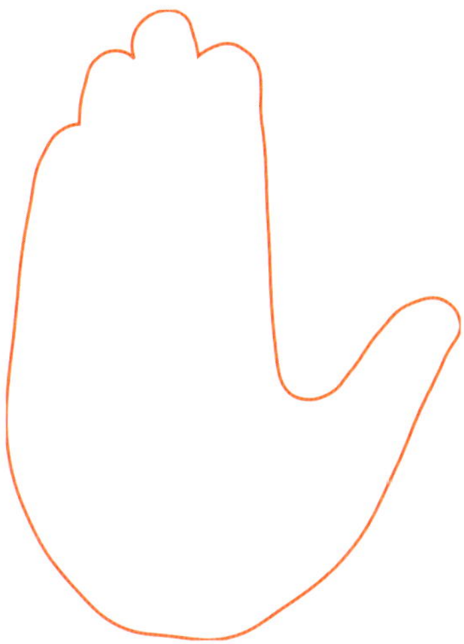

Pouce écarté

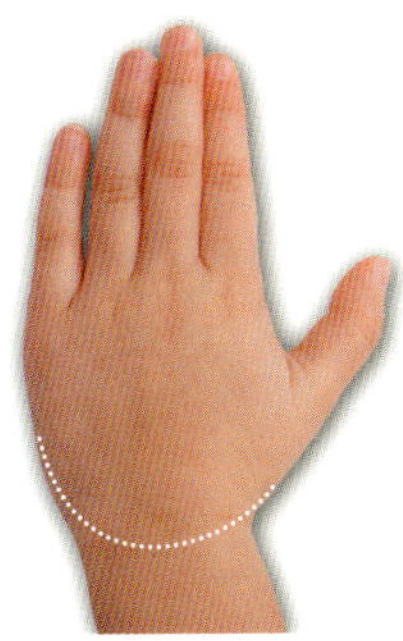

Pouce et auriculaire écartés

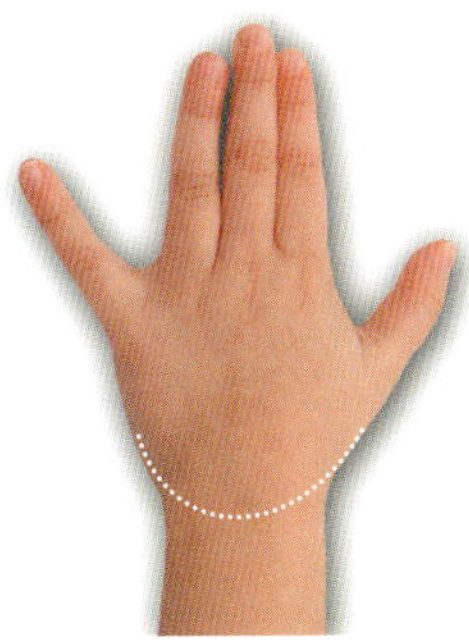

Réalisation des formes

Avant de commencer à jouer avec ce livre, il faut réaliser les quatre formes de mains sur différents papiers de couleur. Pour cela, il y a deux méthodes très simples.

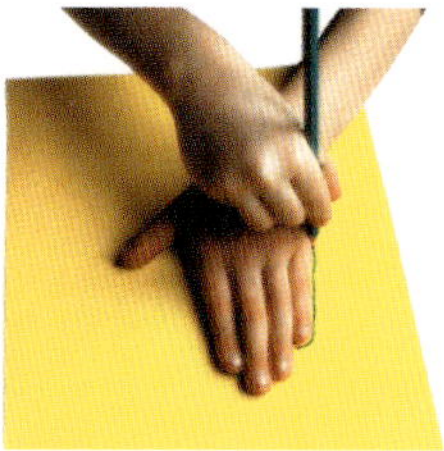

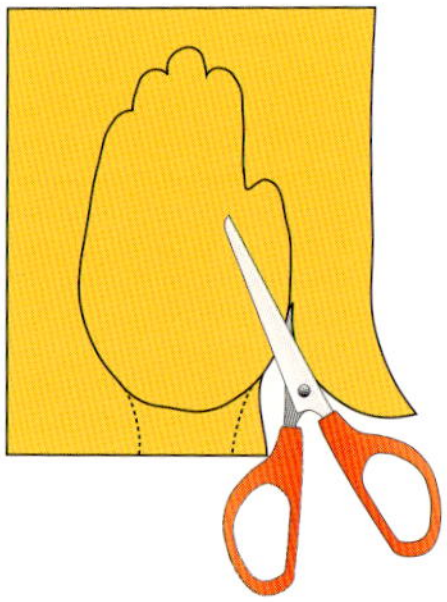

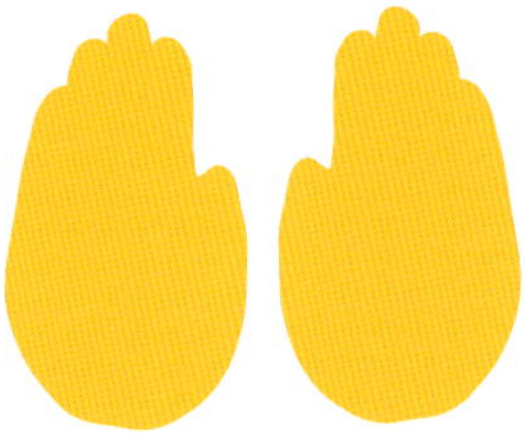

Décalquer

1- Pour décalquer une main, il suffit de tenir le crayon bien droit et de suivre son contour sans l'incliner.

2- Découpe soigneusement la forme en faisant un bel arrondi à la base de la main.

3- Selon le sens dans lequel on dispose la feuille, on obtient deux mains à partir de la même forme.

Photocopier

La photocopieuse est une machine merveilleuse ! Photocopie les formes des mains pages 4 et 5. Amuse-toi à les agrandir ou même à les réduire pour obtenir des effets différents. N'hésite pas à utiliser des papiers de couleurs, sinon à tes crayons de couleurs...

Astuce

Amuse-toi avec les différentes matières de papier disponibles actuellement dans le commerce. Les compositions n'en seront que plus belles et originales.

Décorations

Il suffit de quelques petits éléments pour finaliser et personnaliser les silhouettes en leur ajoutant des yeux et des pupilles, des bouches et des becs, des pattes et des pieds...

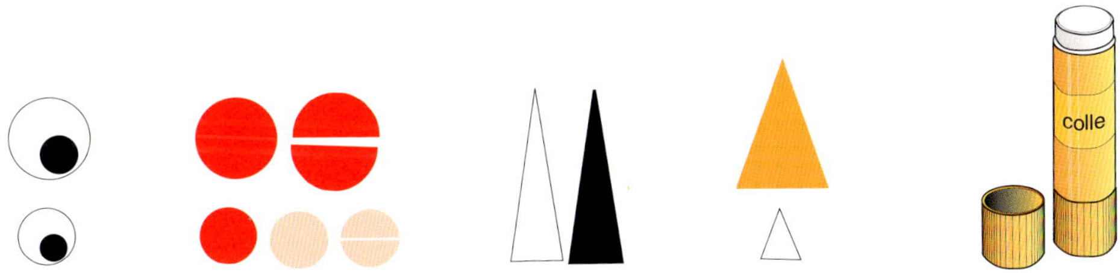

Yeux

Les yeux sont réalisés à partir de simples gommettes.

Une fois la silhouette de mains réalisée, colle une gommette blanche à l'emplacement des yeux, et ajoute une pupille au milieu en dessinant un point au feutre noir, ou en collant une gommette noire plus petite.

Pour faire des yeux méchants, découpe une gommette en deux demi-cercles, que tu colleras au-dessus de chaque œil, pour figurer les paupières.

Décorations

NEZ, BOUCHE, MOUSTACHES ET PIEDS

Le nez, la bouche, les moustaches et les pieds des personnages sont réalisés à partir de simples gommettes.
Le nez et une gommette rouge ou rose, la bouche une demi gommette rouge, les moustaches une ou deux demi gommettes noires, et les pieds deux demi gommettes noires ou de couleur.
Si tu n'as pas de gommettes de couleurs, utilise des gommettes blanches que tu colorieras toi-même.

BEC ET PATTES

Le bec et les pattes des animaux sont de simples triangles, plus ou moins allongés.
Tu peux photocopier les formes ci-contre sur du papier de couleur, ou du papier blanc que tu colorieras toi-même.

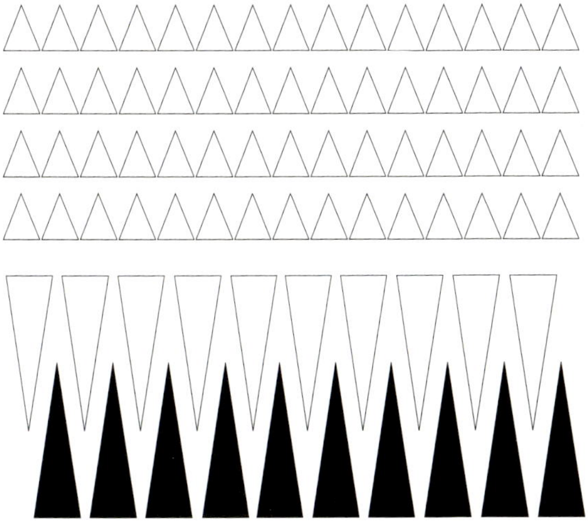

Astuce

Si tu n'as ni gommettes ni photocopieuse, tu peux très bien dessiner toi-même les éléments de décorations de ton personnage.

Les chiens

Les chiens

Les chats et la souris

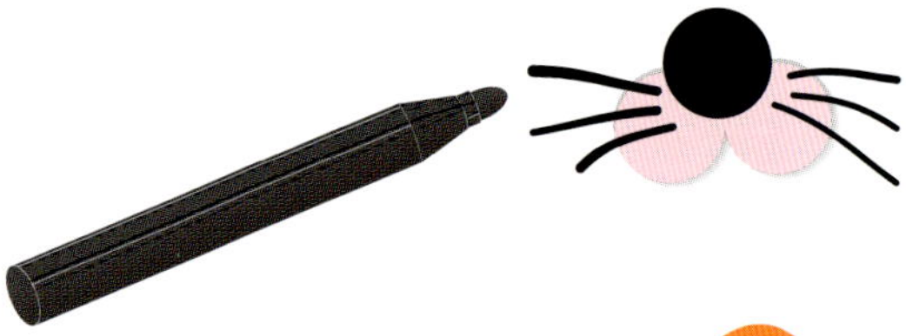

Dessine les moustaches au feutre noir.

Les poussins

Les poules

Les coqs

Les canards

Les moineaux

Les canaris

Dessine les branches au feutre ou découpe-les dans du papier marron.

Les colombes

Les pélicans

Les corbeaux

Les chauves-souris

Les cigognes

Dessine les pattes
au feutre orange.

Les flamants roses

Dessine les pattes au feutre orange.

Les perroquets

Les perruches

Les paons

Décore les plumes avec des gommettes de couleur.

Les aigles

Les hiboux

Colle les yeux sur de très grosses gommettes.

Les grenouilles

Utilise de très grosses gommettes pour les yeux.

Les poissons

Les baleines

Dessine les dents au feutre noir et le petit jet d'eau au feutre bleu.

Les dauphins

Les crabes

Utilise de grosses gommettes
pour les paupières.

Les morses

Les phoques

Les méduses

Les pieuvres

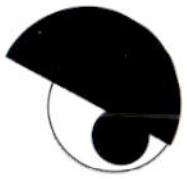

Utilise de grosses gommettes pour les paupières.

Les éléphants

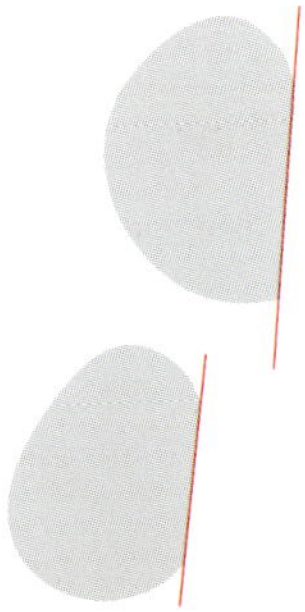

Les oreilles sont des « patates » présentant un côté droit.

Les serpents

Les lions

Dessine la queue
au feutre orange.

Les crocodiles

Les singes

Dessine la queue
au feutre.

Hérisson et insectes

Dessine les pattes
et les antennes
au feutre noir.

Les ours

Les écureuils

Les loups

Utilise de grosses gommettes pour les sourcils.

Les papillons

Dessine le corps
et les antennes au
feutre noir ou bleu.

Les araignées

Les dinosaures

Les dragons

Dessine le feu avec
des triangles jaune et
rouge ou avec des feutres.

Les fantômes

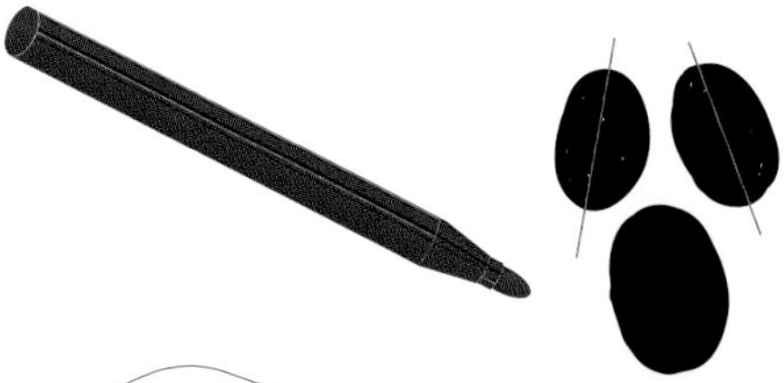

Dessine les yeux et la bouche au feutre noir, en inclinant les yeux vers l'extérieur.

Les diables

Les anges

Les martiens

Les lutins

Dessine le bonnet au feutre rouge sur le pouce écarté.

La famille

Dessine les cheveux au
feutre noir, jaune ou gris.

Les professionnels

Dessine les cheveux au
feutre noir, jaune ou gris.

Les professionnels

Dessine les cheveux au feutre noir, jaune ou rouge, et le bonnet au feutre bleu sur le pouce écarté.

Les cow-boys

Dessine les cheveux au feutre noir ou jaune, et les foulards au feutre jaune ou vert.

Les hommes du monde

Les savants

Les clowns

Le sapin de Noël

Solutions

p. 10

p. 11

p. 12

p. 13

p. 14

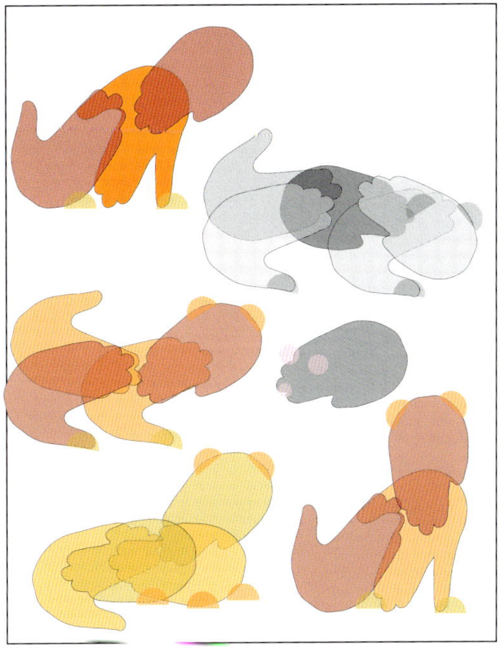

p. 15

p. 16

p. 17

p. 18

p. 19

p. 20

p. 21

p. 22

p. 23

p. 24

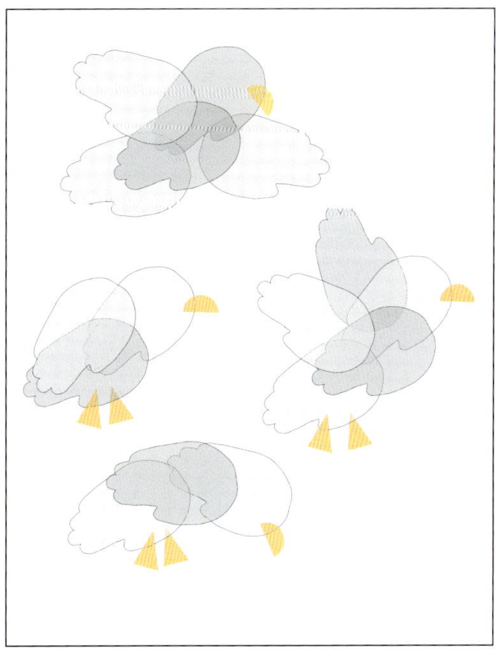

p. 25

p. 26

p. 27

p. 28

p. 29

p. 30

p. 31

p. 32

p. 33

p. 34

p. 35

p. 36

p. 37

p. 38

p. 39

p. 40

p. 41

p. 42

p. 43

p. 44

p. 45

p. 46

p. 47

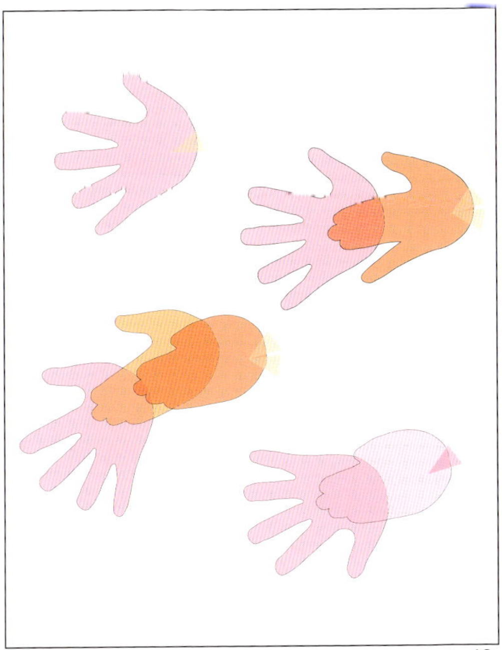

p. 48

p. 49

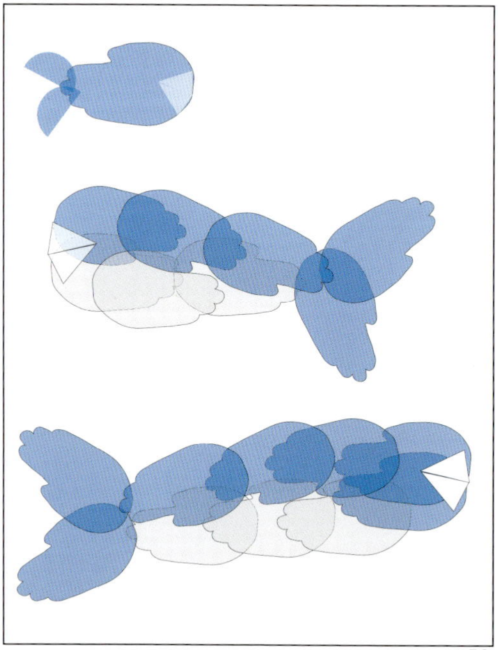

p. 50

p. 51

p. 52

p. 53

p. 54

p. 55

p. 56

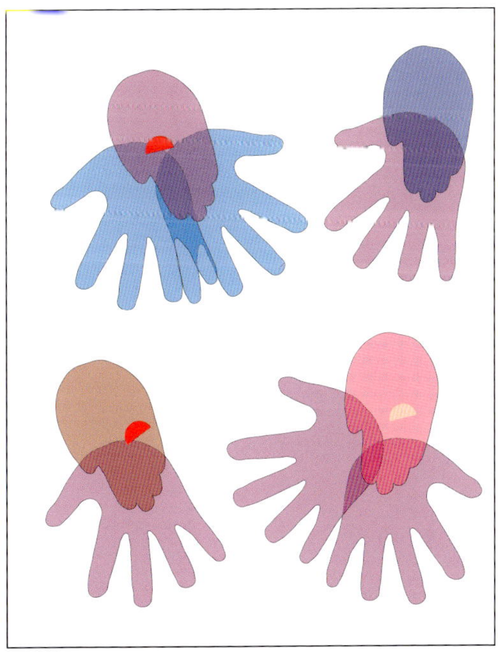

p. 57

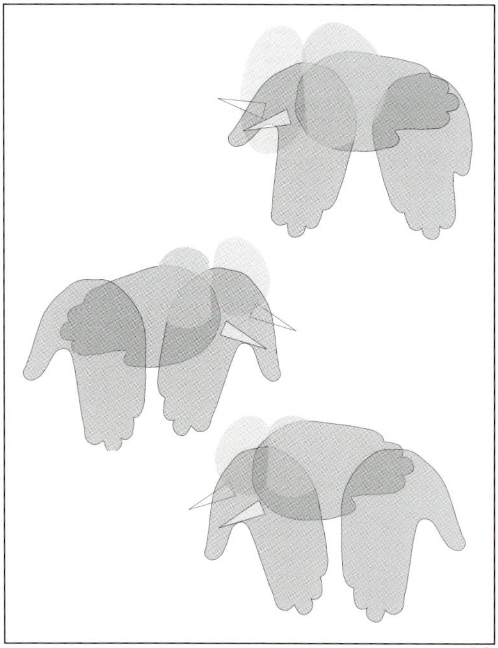

p. 58

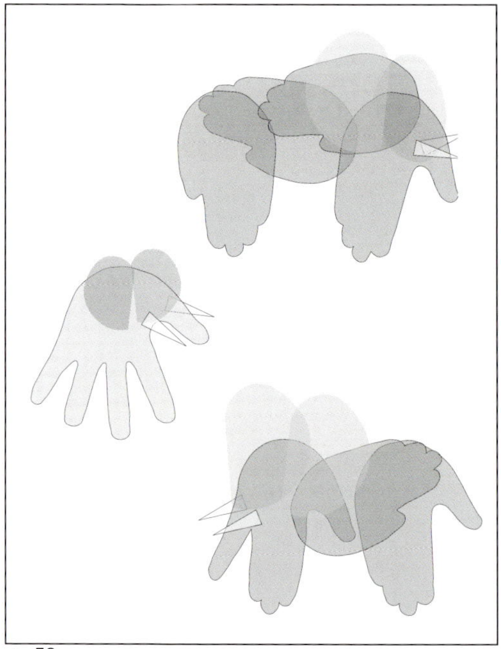

p. 59

p. 60

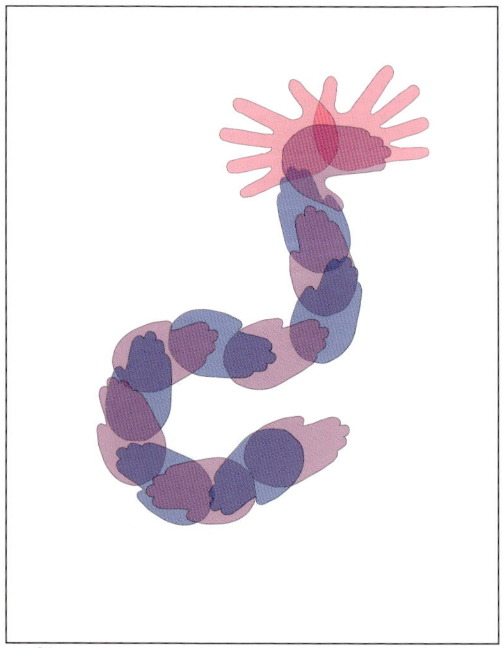

p. 61

p. 62

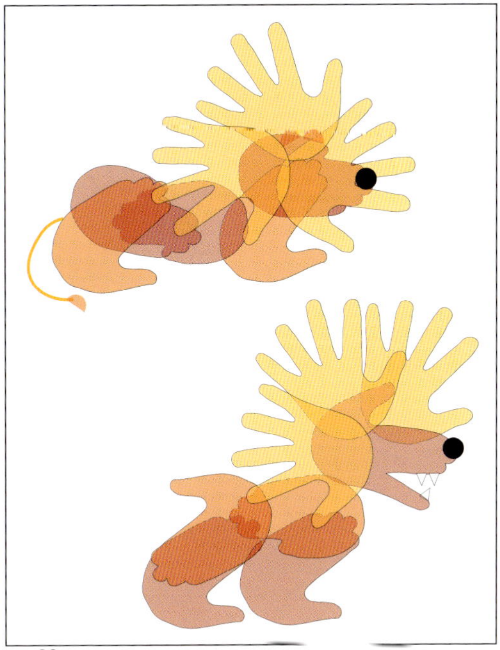

p. 63

p. 64

p. 65

p. 66

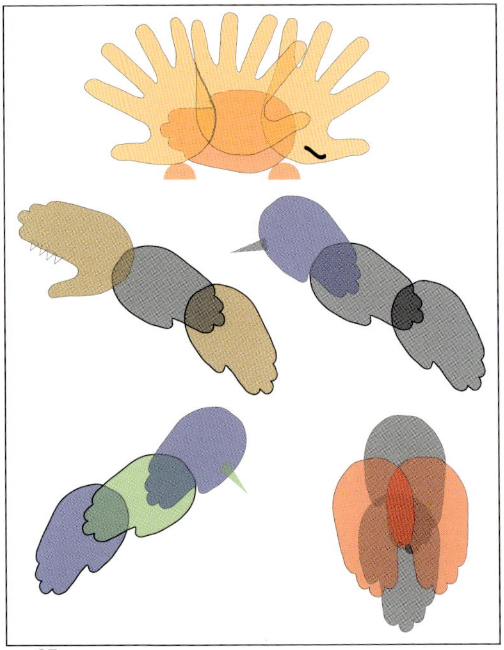

p. 67

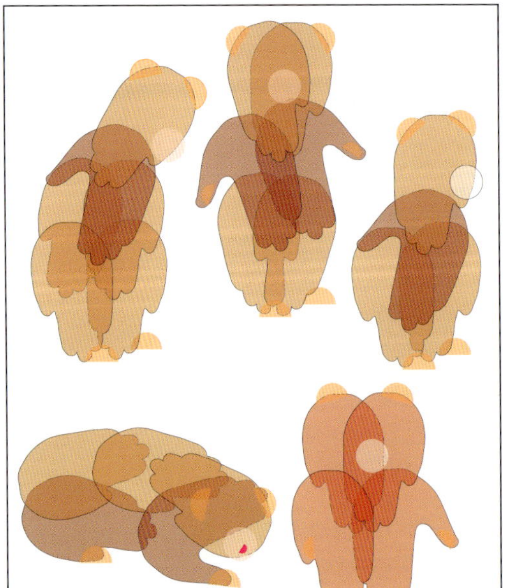

p. 68

p. 69

p. 70

p. 71

p. 72

p. 73

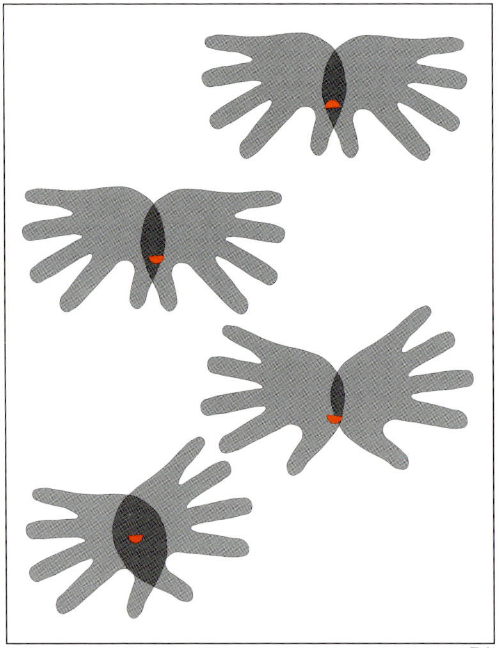

p. 74

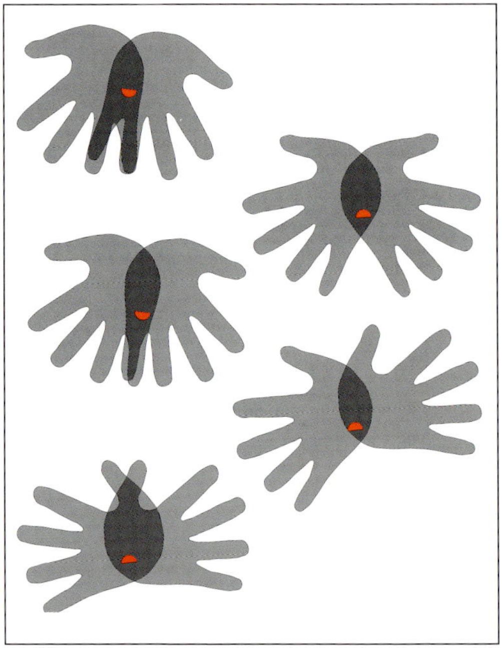

p. 75

p. 76

p. 77

p. 78

p. 79

p. 82

p. 83

p. 84

p. 85

p. 86

p. 87

p. 88

p. 89

p. 90

p. 91

p. 92

p. 93

p. 94

p. 95